Impressum
Verlag: BABADADA GmbH, Nedderfeld 112 , 22529 Hamburg
Geschäftsführer / Verlagsleitung: Harald Hof
Druck: Books on Demand GmbH, In de Tarpen 42, 22848 Norderstedt

Imprint
Publisher: BABADADA GmbH, Nedderfeld 112 , 22529 Hamburg, Germany
Managing Director / Publishing direction: Harald Hof
Print: Books on Demand GmbH, In de Tarpen 42, 22848 Norderstedt

okul

la escuela

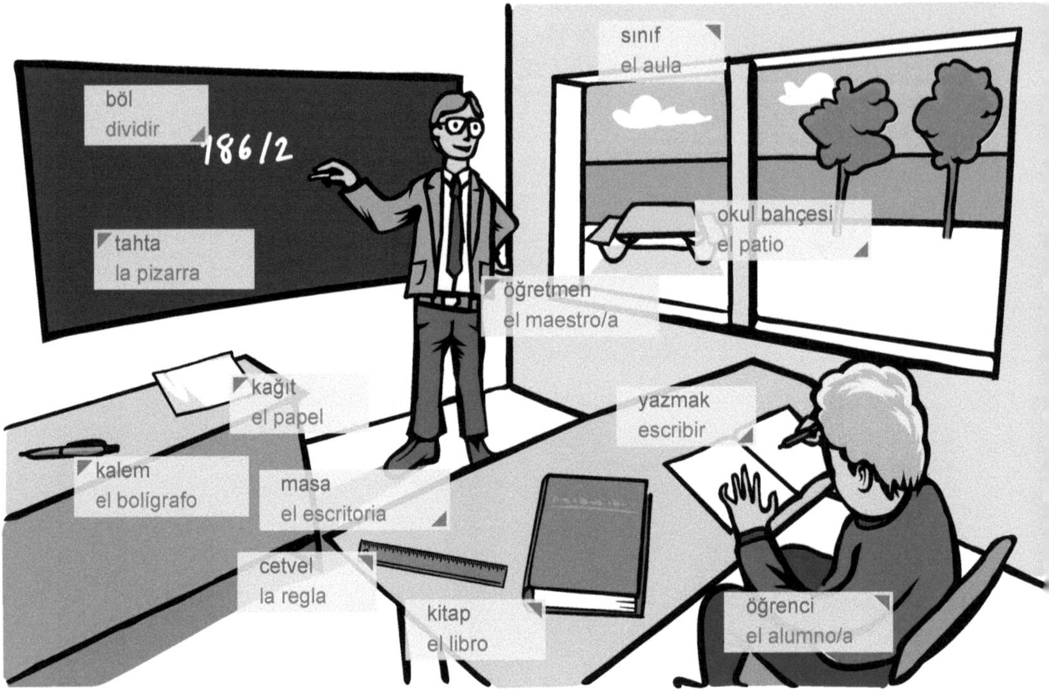
sınıf
el aula
böl
dividir
186/2
okul bahçesi
el patio
tahta
la pizarra
öğretmen
el maestro/a
kağıt
el papel
yazmak
escribir
kalem
el bolígrafo
masa
el escritoria
cetvel
la regla
kitap
el libro
öğrenci
el alumno/a

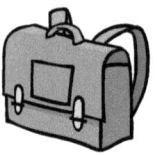

okul çantası

la cartera

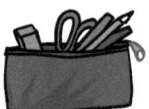

kalemlik

la caja de lápices

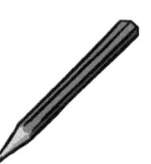

kurşun kalem

el lápiz

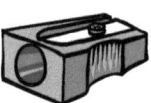

kalem açacağı

el sacapuntas

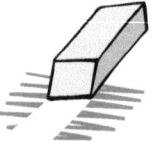

silgi

la goma de borrar

çizim defteri

el cuaderno de dibujo

çizim

el dibujo

resim fırçası

el pincel

boya kutusu

la caja de pinturas

makas

las tijeras

tutkal

el pegamento

alıştırma kitabı

el cuaderno de ejercicios

ödev

los deberes

sayı

el número

2+2

ekle

sumar

çıkar

restar

çarp

multiplicar

hesapla

calcular

harf

la letra

alfabe

el alfabeto

kelime

la palabra

metin

el texto

okumak

leer

tebeşir

la tiza

ders

la lección

kayıt

el cuaderno de notas

sınav

el examen

sertifika

el certificado

okul forması

el uniforme

eğitim

la educación

ansiklopedi

la enciclopedia

üniversite

la universidad

mikroskop

el microscopio

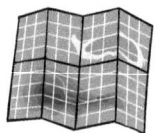

harita

el mapa

kağıt çöp kutusu

la papelera

okul - la escuela

seyahat
el viaje

otel
el hotel
Grand
pansiyon
el albergue
ROOMS
EXCHANGE
döviz bürosu
a oficina de cambio de divisas
bavul
la maleta
otomobil
el coche

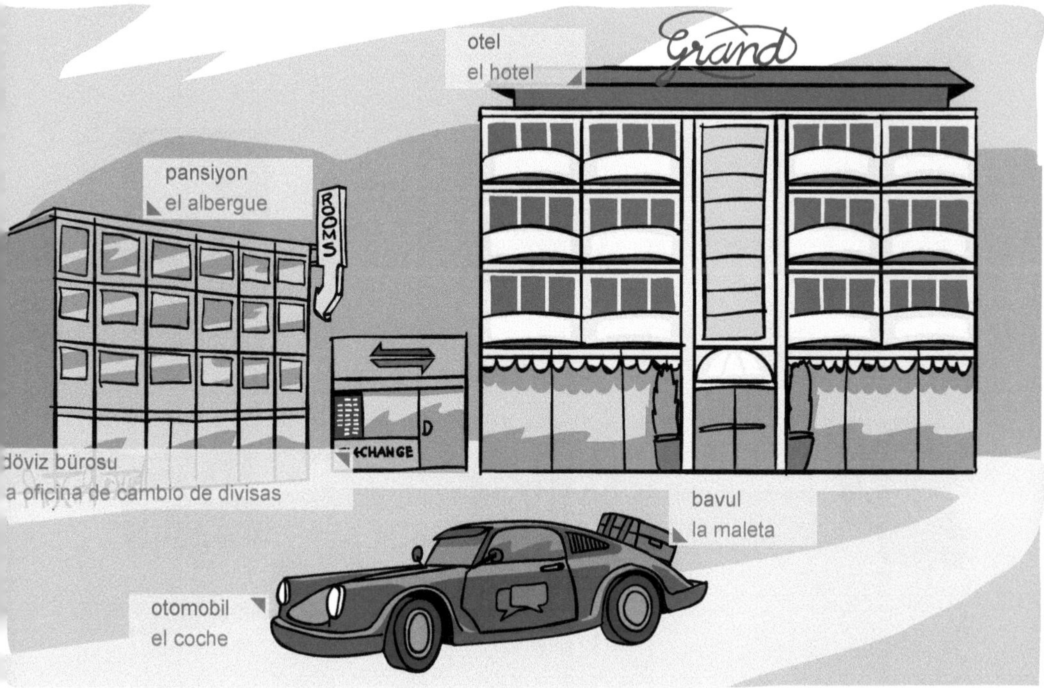

dil

el idioma

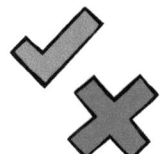

evet / hayır

sí / no

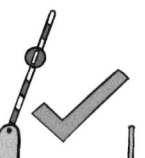

Tamam

Vale

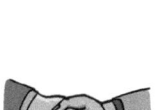

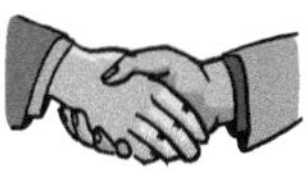

merhaba

hola

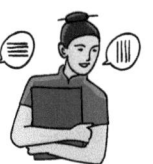

çevirmen

el traductor

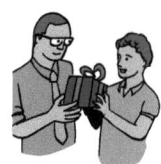

Teşekkür ederim

Gracias

bu … ne kadar?

¿cuánto es…?

anlamadım

No entiendo

problem

el problema

İyi akşamlar!

¡Buenas tardes!

Günaydın!

¡Buenos días!

İyi geceler!

¡Buenas noches!

güle güle

adiós

yön

la dirección

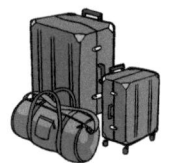

bagaj

el equipaje

çanta

la bolsa

sırt çantası

la mochila

misafir

el invitado

oda

la habitación

uyku tulumu

el saco de dormir

çadır

la tienda de campaña

turist danışma

la información turística

sahil

la playa

kredi kartı

la tarjeta de crédito

kahvaltı

el desayuno

öğle yemeği

el almuerzo

akşam yemeği

la cena

Bilet

el billete

asansör

el ascensor

pul

el sello

sınır

la frontera

gümrük

la aduana

elçilik

la embajada

vize

la visa

pasaport

el pasaporte

ulaşım

el transporte

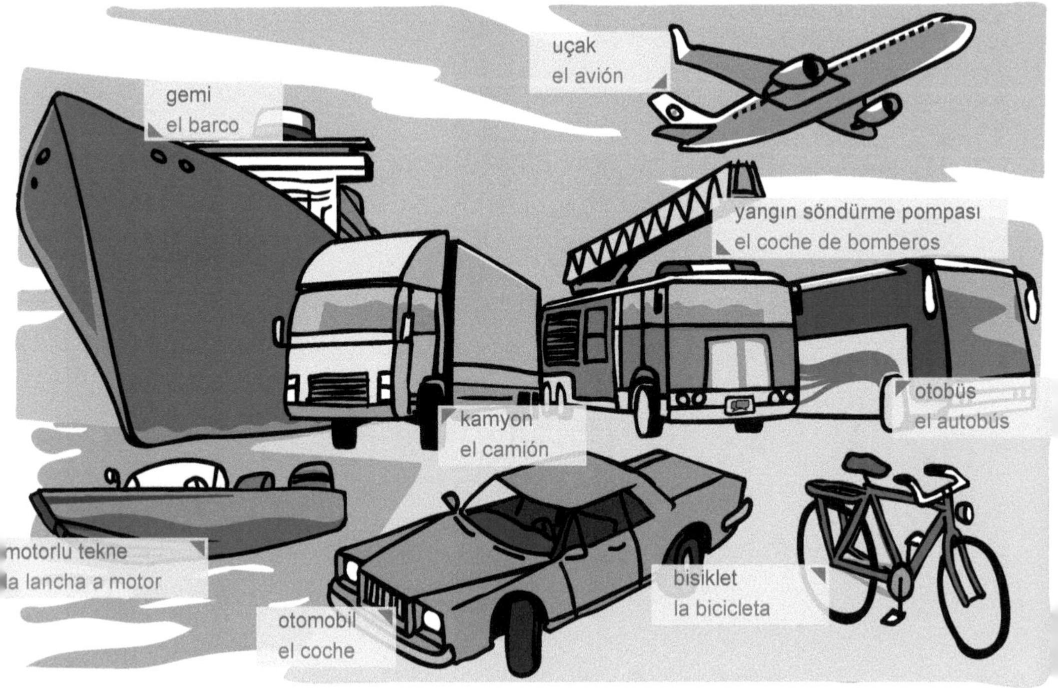

uçak
el avión
gemi
el barco
yangın söndürme pompası
el coche de bomberos
otobüs
el autobús
kamyon
el camión
motorlu tekne
la lancha a motor
bisiklet
la bicicleta
otomobil
el coche

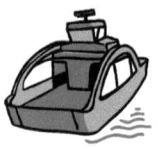

feribot

el transbordador

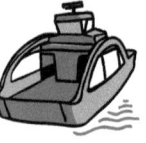

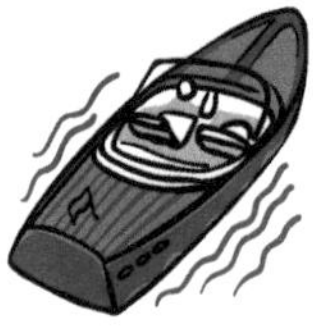

bot

la barca

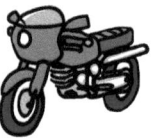

motosiklet

la moto

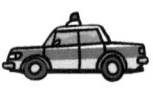

polis arabası

el coche de policía

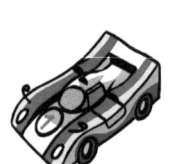

yarış arabası

el coche de carreras

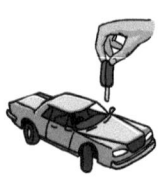

kiralık araba

el coche de alquiler

ortak araba

el préstamo de vehículos

çekici

la grúa

çöp kamyonu

el camión de la basura

motor

el motor

yakıt

la gasolina

benzinlik

la gasolinera

trafik işareti

la señal de tráfico

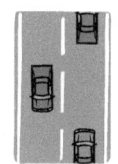

trafik

el tráfico

trafik sıkışıklığı

el atasco

otopark

el aparcamiento

tren istasyonu

la estación de tren

ray

las vías

tren

el tren

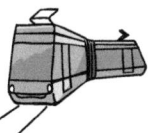

tramvay

el tranvía

vagon

el vagón

helikopter

el helicóptero

havaalanı

el aeropuerto

kule

la torre

yolcu

el pasajero

konteyner

el contenedor

koli

la caja de cartón

yük arabası

la carretilla

sepet

la cesta

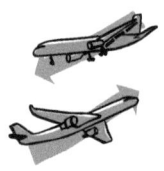

kalkış / iniş

despegar / aterrizar

şehir
la ciudad

köy

el pueblo

şehir merkezi

el centro de la ciudad

ev

la casa

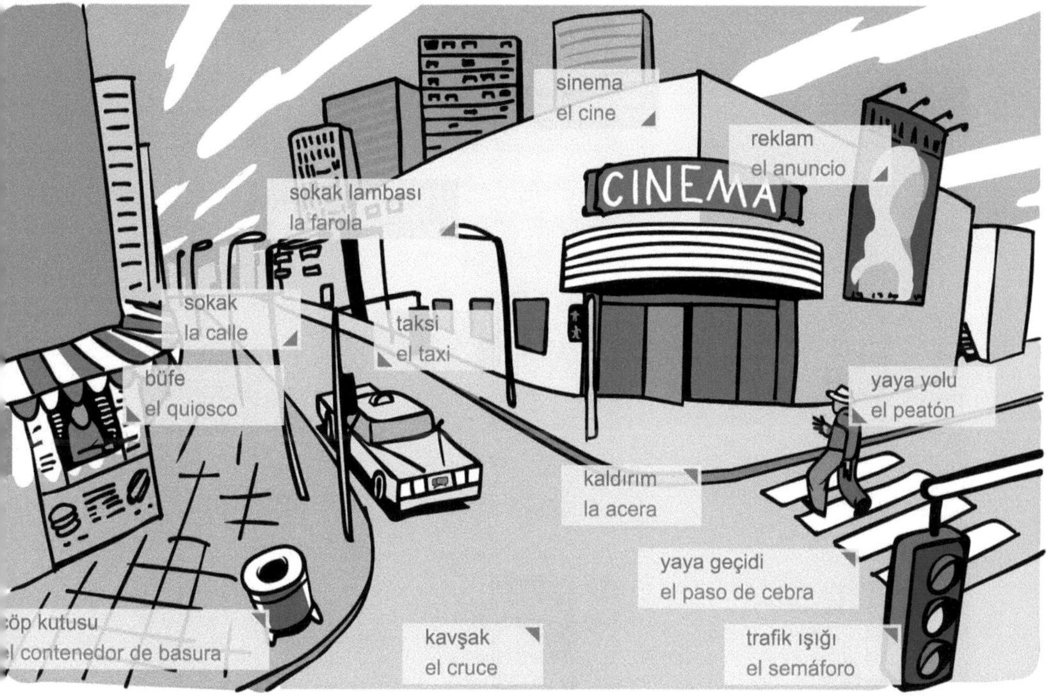

sinema
el cine

reklam
el anuncio

sokak lambası
la farola

sokak
la calle

taksi
el taxi

büfe
el quiosco

yaya yolu
el peatón

kaldırım
la acera

yaya geçidi
el paso de cebra

çöp kutusu
el contenedor de basura

kavşak
el cruce

trafik ışığı
el semáforo

CINEMA

kulübe

la cabaña

apartman dairesi

el apartamento

tren istasyonu

la estación de tren

belediye binası

el ayuntamiento

müze

el museo

okul

la escuela

üniversite

la universidad

banka

el banco

hastane

el hospital

otel

el hotel

eczane

la farmacia

ofis

la oficina

kitapçı

la librería

mağaza

la tienda de campaña

çiçekçi

la floristería

süpermarket

el supermercado

market

el mercado

büyük mağaza

los grandes almacenes

balık satıcısı

la pescadería

alışveriş merkezi

el centro comercial

liman

el puerto

park
....
el parque

bank
....
el banco

köprü
....
el puente

merdiven
....
las escaleras

metro
....
el metro

tünel
....
el túnel

otobüs durağı
....
la parada de autobús

bar
....
el bar

restoran
....
el restaurante

posta kutusu
....
el buzón

sokak tabelası
....
el poste indicador

otopark sayacı
....
el parquímetro

hayvanat bahçesi
....
el zoo

yüzme havuzu
....
la piscina

cami
....
la mezquita

çiftlik
la granja

kirlilik
la contaminación

mezarlık
el cementerio

kilise
la iglesia

oyun alanı
el patio de juego

tapınak
el templo

arazi
el paisaje

yaprak
la hoja

yön tabelası
la señal

yol
el camino

çayır
el prado

taş
la piedra

ağaç
el árbol

yürüyüşçü
el excursionista

ırmak
el río

çimen
la hierba

çiçek
la flor

vadi
el valle

tepe
la colina

göl
el lago

orman
el bosque

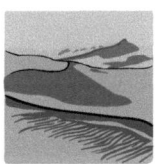

çöl
el desierto

volkan
el volcán

kale
el castillo

gökkuşağı
el arcoíris

mantar
el champiñón

palmiye
la palmera

sivrisinek
el mosquito

sinek
la mosca

karınca
la hormiga

arı
la abeja

örümcek
la araña

böcek

el escarabajo

kurbağa

la rana

sincap

la ardilla

kirpi

el erizo

yabani tavşan

la liebre

baykuş

la lechuza

kuş

el pájaro

kuğu

el cisne

yaban domuzu

el jabalí

geyik

el ciervo

geyik

el alce

baraj

la presa

rüzgar türbini

la turbina eólica

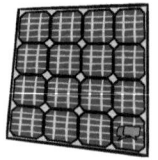

güneş paneli

el panel solar

iklim

el clima

restoran
el restaurante

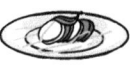

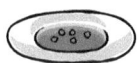

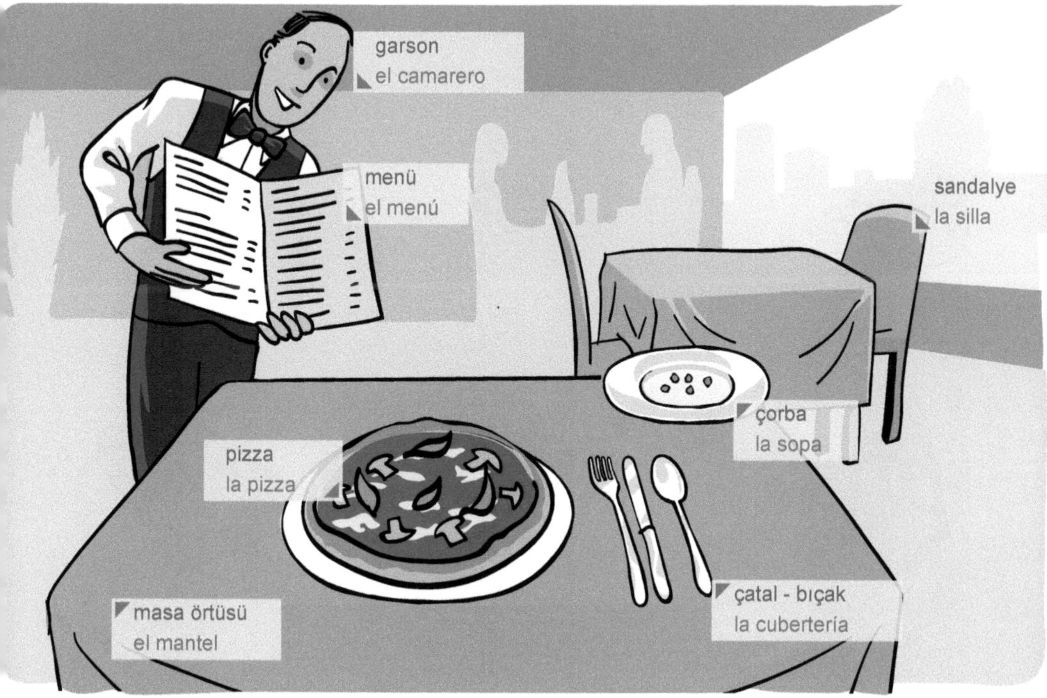
garson
el camarero
menü
el menú
sandalye
la silla
çorba
la sopa
pizza
la pizza
masa örtüsü
el mantel
çatal - bıçak
la cubertería

başlangıç

el primer plato

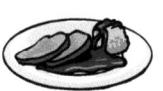

ana yemek

el plato principal

tatlı

el postre

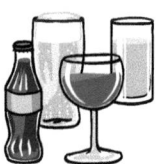

içecekler

las bebidas

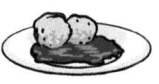

yemek

la comida

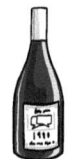

şişe

la botella

fastfood

la comida rápida

sokak yemeği

la comida callejera

çaydanlık

la tetera

şekerlik

el azucarero

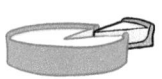

porsiyon

la porción

espresso makinesi

la cafetera expreso

mama sandalyesi

la trona

fatura

la cuenta

tepsi

la bandeja

bıçak

el cuchillo

çatal

el tenedor

kaşık

la cuchara

çay kaşığı

la cucharilla

servis peçetesi

la servilleta

bardak

el vaso

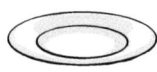

tabak

el plato

çorba kasesi

el plato hondo

fincan altlığı

el platillo

sos

la salsa

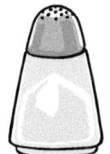

tuzluk

el salero

karabiber değirmeni

el molinillo de pimienta

sirke

el vinagre

yağ

el aceite

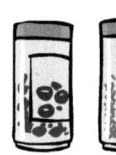

baharat

las especias

ketçap

el ketchup

hardal

la mostaza

mayonez

la mayonesa

süpermarket
el supermercado

özel teklif
la oferta especial
müşteri
el cliente
FOR
süt ürünleri
los lácteos
meyve
la fruta
alışveriş arabası
el carro de compra

BUTCHERS

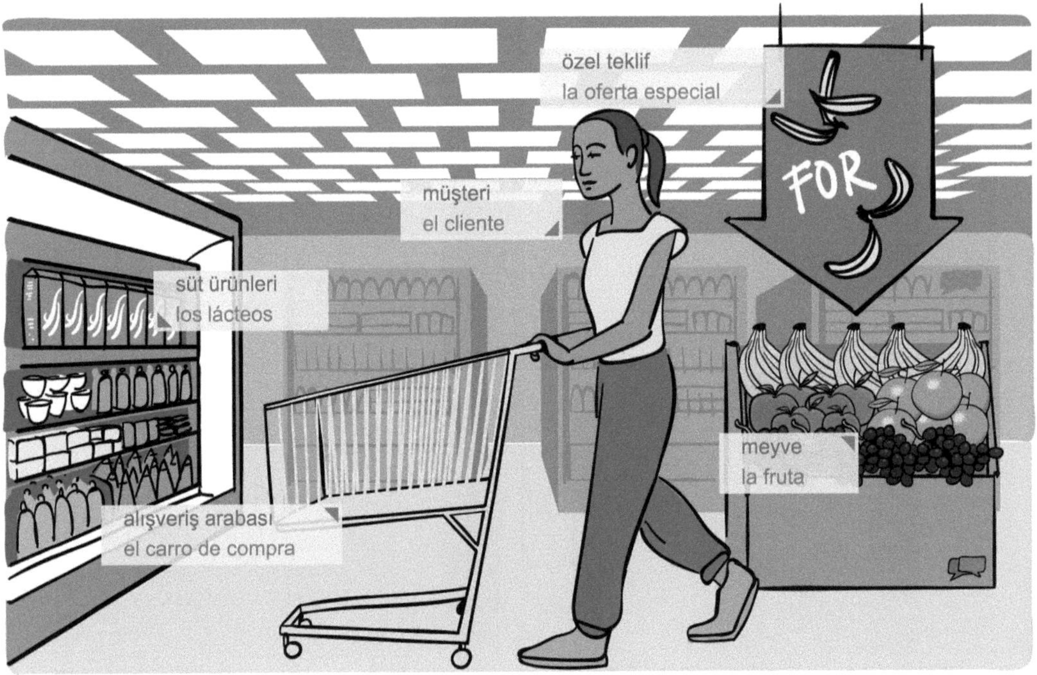

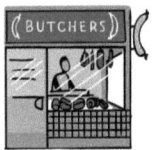

kasap

la carniceria

BAKERY

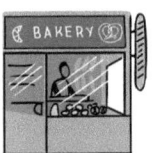

fırın

la panadería

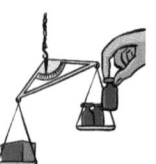

tartmak

pesar

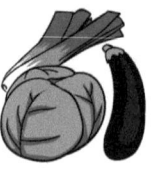

sebze

las verduras

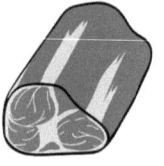

et

la carne

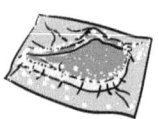

donmuş gıda

los alimentos congelados

söğüş et

los fiambres

konserve yiyecek

las conservas

toz deterjan

el detergente en polvo

şekerlemeler

los dulces

ev temizlik ürünleri

productos de uso doméstico

temizlik ürünleri

productos de limpieza

satış görevlisi

la vendedora

yazar kasa

la caja de cartón

kasiyer

el cajero

alışveriş listesi

la lista de la compra

açılış saatleri

el horario de atención al
público

cüzdan

la cartera

kredi kartı

la tarjeta de crédito

çanta

la bolsa de plástico

plastik poşet

la bolsa de plástico

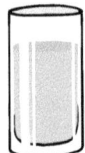

su

el agua

meyve suyu

el zumo

süt

la leche

kola

la cola

şarap

el vino

bira

la cerveza

alkol

el alcohol

kakao

el cacao

çay

el té

kahve

el café

espresso

el expreso

kapuçino

el capuchino

muz

el plátano

elma

la manzana

portakal

la naranja

kavun

el melón

limon

el limón

havuç

la zanahoria

sarımsak

el ajo

bambu

el bambú

soğan

la cebolla

mantar

el champiñón

çerez

las avellanas

makarna

los fideos

spagetti

las espagueti

pirinç

el arroz

salata

la ensalada

cips

las patatas fritas

patates kızartması

las patatas fritas

pizza

la pizza

hamburger

la hamburguesa

sandviç

el sándwich

şinitzel

el filete

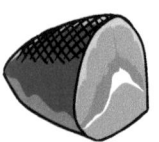

pastırma

el jamón

salam

le salami

sosis

la salchicha

tavuk

el pollo

rosto

el asado

balık

el pescado

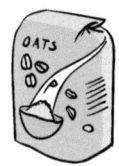

yulaf ezmesi

los copos de avena

müsli

el muesli

mısır gevreği

los copos de maíz

un

la harina

kruvasan

el cruasán

küçük ekmek

el panecillo

ekmek

el pan

tost

la tostada

bisküvi

las galletas

tereyağı

la mantequilla

kaymak

la cuajada

kek

el pastel

yumurta

el huevo

sahanda yumurta

el huevo frito

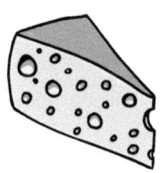

peynir

el queso

dondurma

el helado

şeker

el azúcar

bal

la miel

reçel

la mermelada

fındık ezmesi

la crema de turrón

köri

el curry

çiftlik
la granja

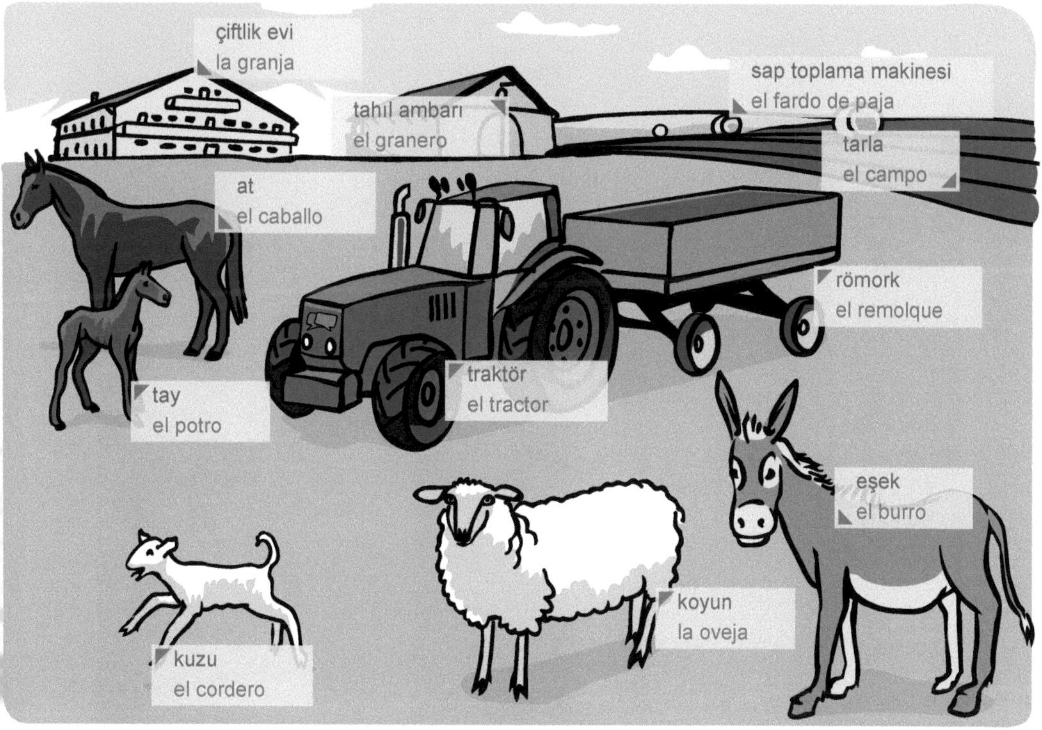

çiftlik evi
la granja
tahıl ambarı
el granero
sap toplama makinesi
el fardo de paja
tarla
el campo
at
el caballo
römork
el remolque
traktör
el tractor
tay
el potro
eşek
el burro
koyun
la oveja
kuzu
el cordero

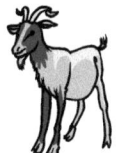

keçi

la cabra

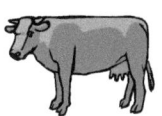

inek

la vaca

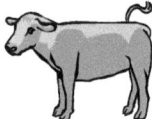

buzağı

el ternero

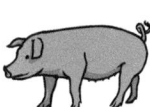

domuz

el cerdo

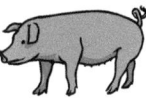

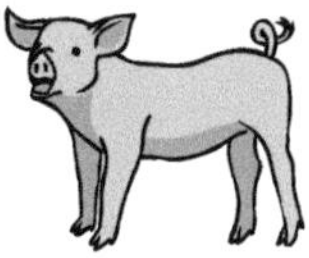

domuz yavrusu

el cerdito

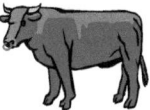

boğa

el toro

kaz

el ganso

ördek

el pato

civciv

el pollo

tavuk

la gallina

horoz

el gallo

sıçan

la rata

kedi

el gato

fare

el ratón

öküz

el buey

köpek

el perro

köpek kulübesi

la perrera

bahçe hortumu

la manguera

sulama kabı

la regadera

tırpan

la guadaña

pulluk

el arado

orak

la hoz

çapa

la azada

dirgen

la horca

balta

el hacha

el arabası

la carretilla

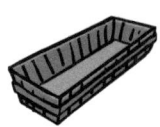

yemlik

el abrevadero

süt kovası

la lechera

çuval

el saco

çit

la valla

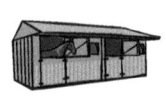

ahır

el establo

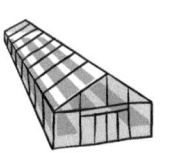

sera

el invernadero

toprak

el suelo

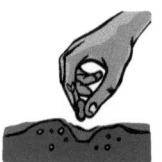

tohum

la semilla

gübre

el fertilizador

biçerdöver

la cosechadora

çiftlik - la granja

hasat etmek

cosechar

harman

la cosecha

tatlı patates

el ñame

buğday

el trigo

soya

el soja

patates

la patata

mısır

el maíz

kolza

la semilla de colza

meyve ağacı

el árbol frutal

manyok

la mandioca

hububat

las cereales

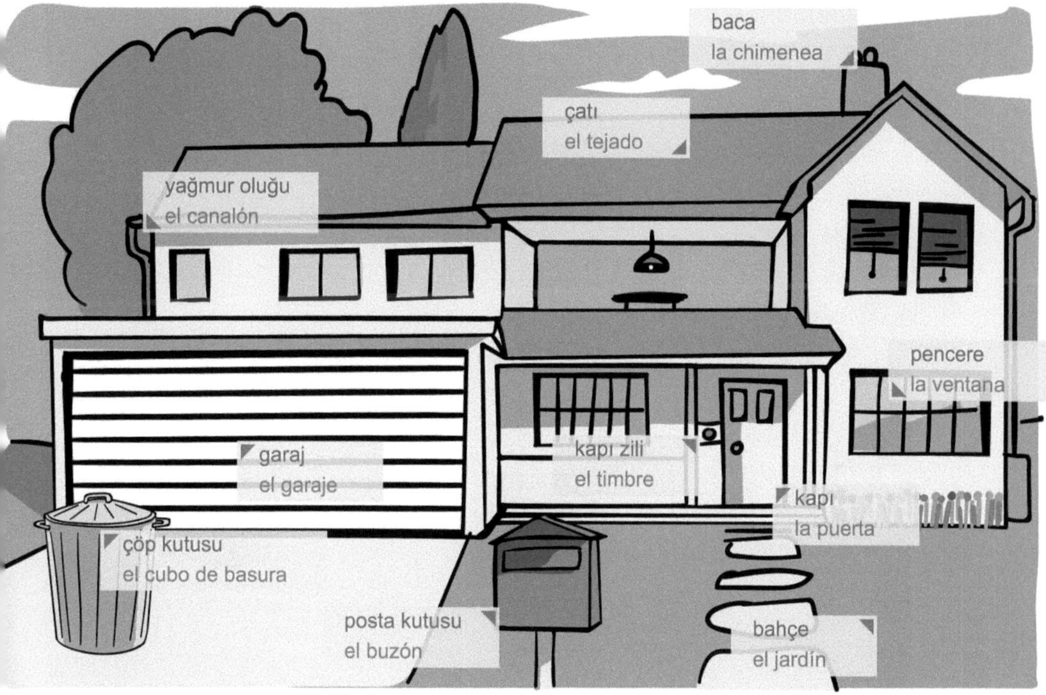

baca
la chimenea

çatı
el tejado

yağmur oluğu
el canalón

pencere
la ventana

garaj
el garaje

kapı zili
el timbre

kapı
la puerta

çöp kutusu
el cubo de basura

posta kutusu
el buzón

bahçe
el jardín

oturma odası

la sala

banyo

el cuarto de baño

mutfak

la cocina

yatak odası

el dormitorio

çocuk odası

la habitación de los niños

yemek odası

el comedor

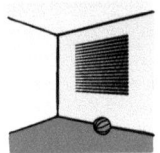

zemin

el suelo

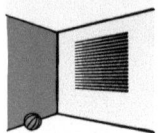

duvar

la pared

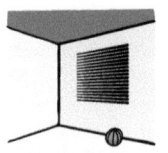

tavan

el techo

kiler

el sótano

sauna

la sauna

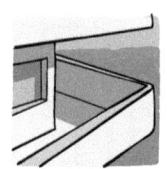

balkon

el balcón

teras

la terraza

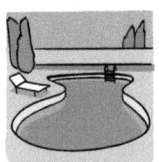

havuz

la piscina

çim biçme makinesi

el cortacésped

çarşaf

la sábana

yatak örtüsü

la colcha

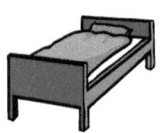

yatak

la cama

süpürge

la escoba

kova

el balde

anahtar

el interruptor

oturma odası
la sala

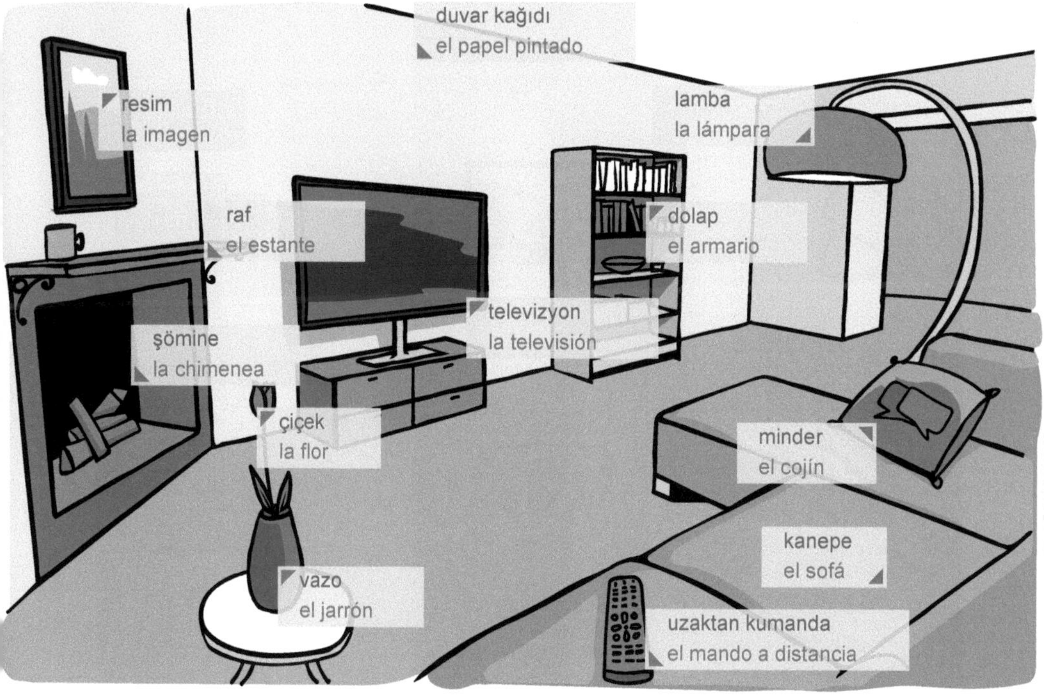

duvar kağıdı
el papel pintado
resim
la imagen
lamba
la lámpara
raf
el estante
dolap
el armario
televizyon
la televisión
şömine
la chimenea
çiçek
la flor
minder
el cojín
kanepe
el sofá
vazo
el jarrón
uzaktan kumanda
el mando a distancia

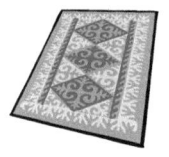

halı

la alfombra

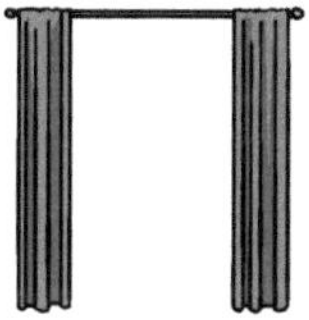

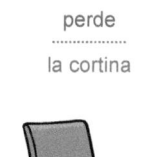

perde

la cortina

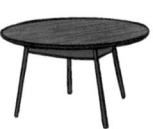

masa

la mesa

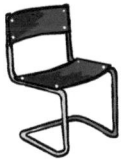

sandalye

la silla

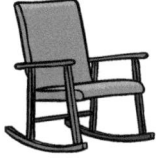

salıncaklı koltuk

el mecedora

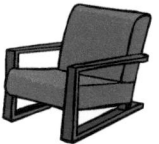

koltuk

la butaca

kitap

el libro

battaniye

la manta

dekor

la decoración

odun

la leña

film

la película

hi-fi

el equipo de música

anahtar

la llave

gazete

el periódico

tablo

la pintura

poster

el póster

radyo

la radio

defter

el cuaderno

elektrikli süpürge

la aspiradora

kaktüs

el cactus

mum

la vela

mutfak
la cocina

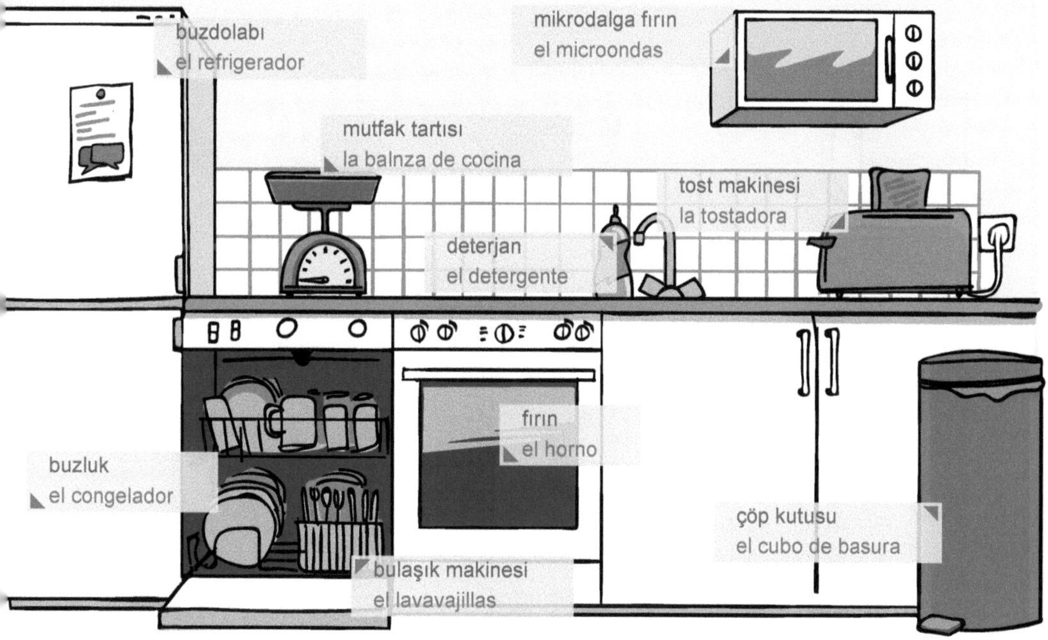
buzdolabı
el refrigerador
mikrodalga fırın
el microondas
mutfak tartısı
la balnza de cocina
tost makinesi
la tostadora
deterjan
el detergente
fırın
el horno
buzluk
el congelador
çöp kutusu
el cubo de basura
bulaşık makinesi
el lavavajillas

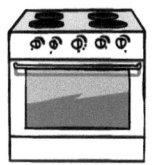

ocak

la olla a presión

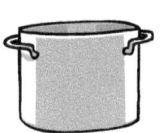

tencere

la olla

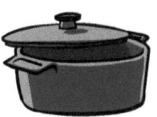

döküm tencere

la olla de hierro fundido

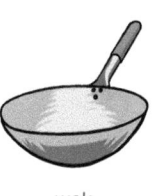

wok

el wok

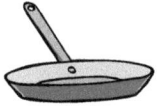

tava

la cazuela

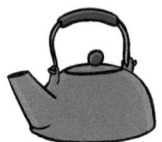

su ısıtıcı

el hervidor

buharlı pişirici

la vaporera

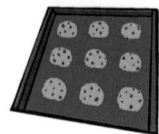

pişirme tepsisi

la chapa de horno

tabak takımı

la vajilla

kupa

la taza

kase

el tazón

çubuk (çin yemeği)

los palillos

kepçe

el cucharón

spatula

la espumadera

çırpma teli

el batidor

süzgeç

el colador

elek

el cedazo

rende

el rallador

havan

el mortero

barbekü

la barbacoa

açık ateş

la hoguera

kesme tahtası

la tabla de picar

merdane

el rodillo

tirbüşon

el sacacorchos

konserve kutusu

la lata

konserve açacağı

el abrelatas

fırın eldiveni

el agarrador

evye

el lavabo

fırça

el cepillo

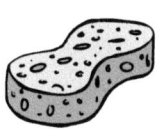

sünger

la esponja

blender

la batidora

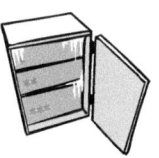

derin dondurucu

el congelador

biberon

el biberón

musluk

el grifo

banyo
el cuarto de baño

ısıtma
la calefacción
havlu
la toalla
duş
la ducha
duş perdesi
la cortina de la ducha
köpük banyosu
el baño de espuma
küvet
la bañera
bardak
el vaso
çamaşır makinesi
la lavadora
musluk
el grifo
fayans
las baldosas
lazımlık
el orinal
evye
el lavabo

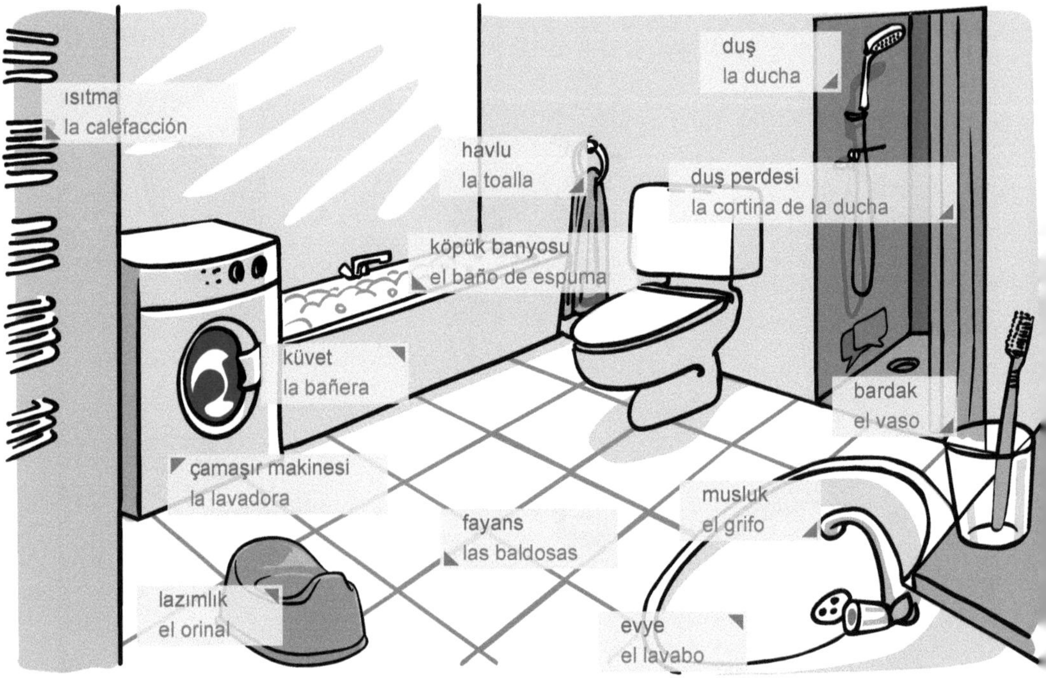

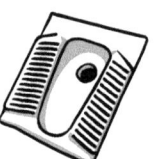

tuvalet
el inodoro

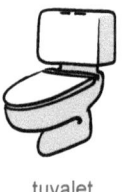

alaturka tuvalet
el inodoro rústico

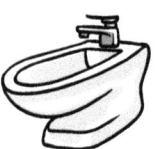

bide
el bidé

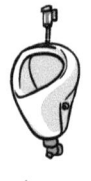

pisuvar
el urinario

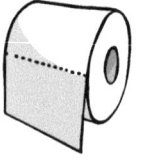

tuvalet kağıdı
el papel higiénico

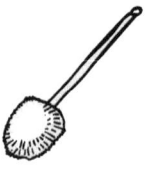

tuvalet fırçası
la escobilla del váter

diş fırçası

el cepillo de dientes

diş macunu

la pasta de dientes

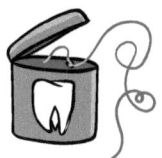

diş ipi

el hilo dental

yıkamak

lavar

duş başlığı

la ducha de mano

duş başlığı şeklinde taharet musluğu

la ducha íntima

küvet

la pila

banyo fırçası

el cepillo de espalda

sabun

el jabón

duş jeli

el gel de ducha

şampuan

el champú

banyo lifi

la toallita

gider

el desagüe

krem

la crema

deodorant

el desodorante

ayna

el espejo

el aynası

el espejo de tocador

jilet

la maquinilla de afeitar

tıraş köpüğü

la espuma de afeitar

tıraş losyonu

la loción postafeitado

tarak

el peine

fırça

el cepillo

saç kurutma makinesi

el secador

saç spreyi

la laca

makyaj

el maquillaje

ruj

el pintalabios

tırnak cilası

el pintauñas

pamuk

el algodón

tırnak makası

el cortauñas

parfüm

el perfume

makyaj çantası

el estuche de viaje

tabure

la banqueta

tartı

la balanza

bornoz

el albornoz

lastik eldiven

los guantes de goma

tampon

el tampón

kadın pedi

la compresa

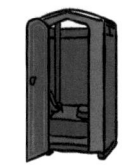

kimyevi tuvalet

el inodoro químico

çocuk odası
la habitación de los niños

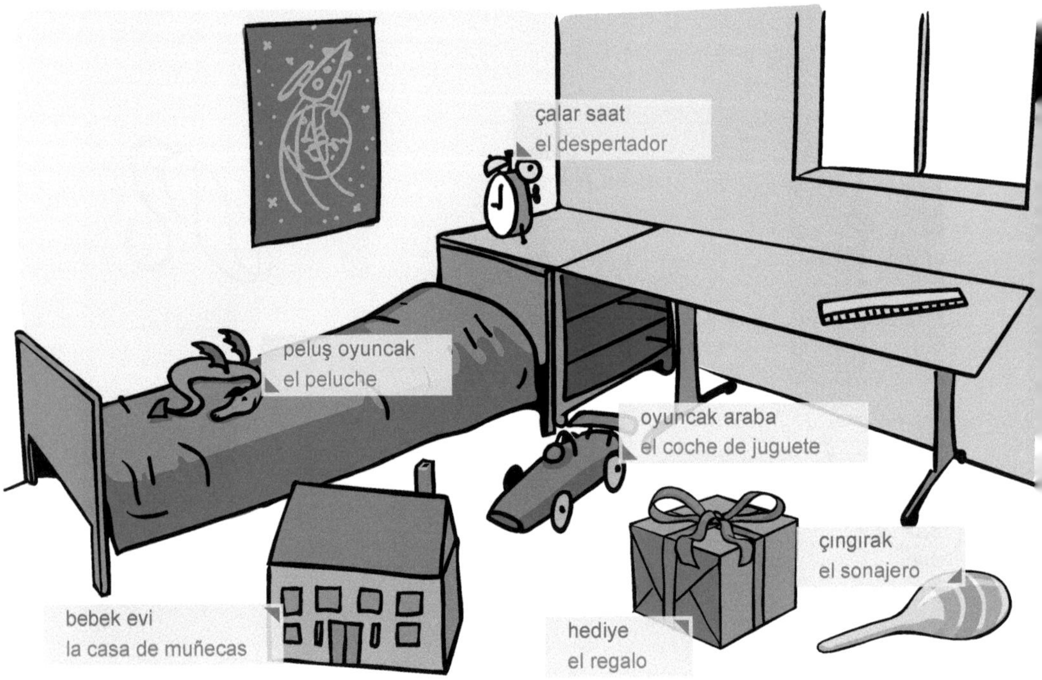
çalar saat
el despertador
peluş oyuncak
el peluche
oyuncak araba
el coche de juguete
çıngırak
el sonajero
bebek evi
la casa de muñecas
hediye
el regalo

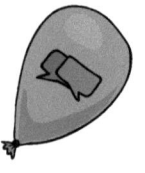

balon

el globo

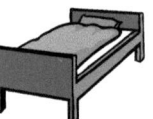

yatak

la cama

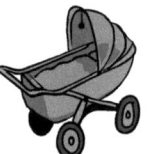

bebek arabası

el coche de niño

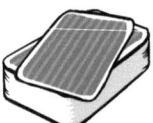

kart destesi

los naipes

yapboz

el puzle

SUPER
MEGA

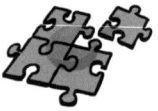

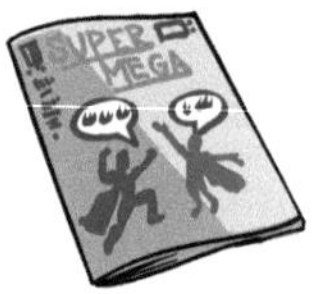

çizgi roman

el tebeo

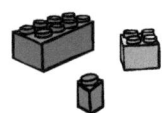

lego tuğlaları

las piezas de lego

lego blokları

los bloques de juguete

aksiyon figürü

la figura de acción

zıbın

el bodi (de bebé)

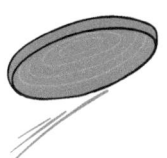

frizbi

el frisbee

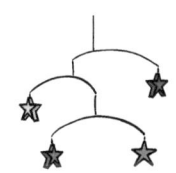

dönence

el colgador móvil para bebés

masa oyunu

el juego de mesa

zar

los dados

model tren seti

el circuito de tren eléctrico

emzik

el maniquí

parti

la fiesta

resimli kitap

el álbum de fotos

top

la pelota

oyuncak bebek

la muñeca

oynamak

jugar

kum havuzu

el cajón de arena

salıncak

el columpio

oyuncaklar

los juguetes

video oyun konsolu

la videoconsola

üç tekerlekli bisiklet

el triciclo

oyuncak ayı

el oso de peluche

gardırop

la guardarropa

kıyafet

la ropa

çorap

los calcetines

külotlu çorap

las medias

tayt

los leotardos

eşarp
la bufanda

şemsiye
el paraguas

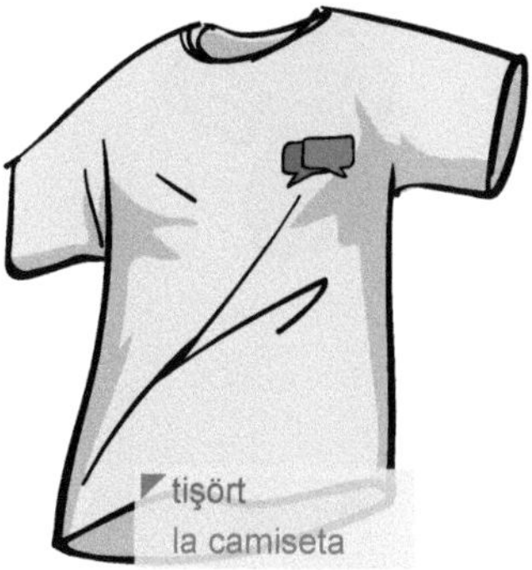

tişört
la camiseta

kemer
el cinturón

bot
las botas

terlik
las zapatillas

spor ayakkabı
las deportivas

sandalet
·················
las sandalias

ayakkabı
·················
los zapatos

lastik çizme
·················
las botas de goma

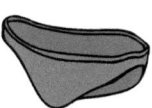

külot
·················
el slip

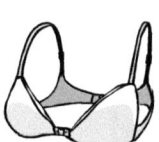

sütyen
·················
el sostén

yelek
·················
el chaleco

dar bluz
....
el bodi

pantolon
....
los pantalones cortos

kot pantolon
....
los vaqueros

etek
....
la falda

bluz
....
la blusa

gömlek
....
la camisa

kazak
....
el jersey

süveter
....
el suéter

blazer
....
el blazer

ceket
....
la chaqueta

mont
....
el abrigo

yağmurluk
....
la gabardina

kostüm
....
el traje

elbise
....
el vestido

gelinlik
....
el vestido de novia

kıyafet - la ropa

takım elbise

el traje

gecelik

el camisón

pijama

el pijama

sari

el sati

baş örtüsü

el bandana

türban

el turbante

burka

la burka

kaftan

el caftán

çarşaf

la abaya

mayo

el traje de baño

erkek mayosu

el bañador

şort

los pantalones cortos

eşofman

el chándal

önlük

el delantal

eldiven

los guantes

düğme

el botón

gözlük

las gafas

bilezik

el brazalete

kolye

el collar

yüzük

el anillo

küpe

el pendiente

kep

la gorra

portmanto

la percha

şapka

el sombrero

kravat

la corbata

fermuar

la cremallera

kask

el casco

pantolon askısı

los tirantes

okul forması

el uniforme

üniforma

el uniforme

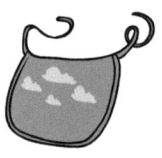

mama önlüğü

el babero

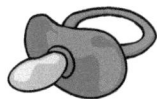

emzik

el maniquí

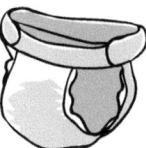

bebek bezi

el pañal

ofis
la oficina

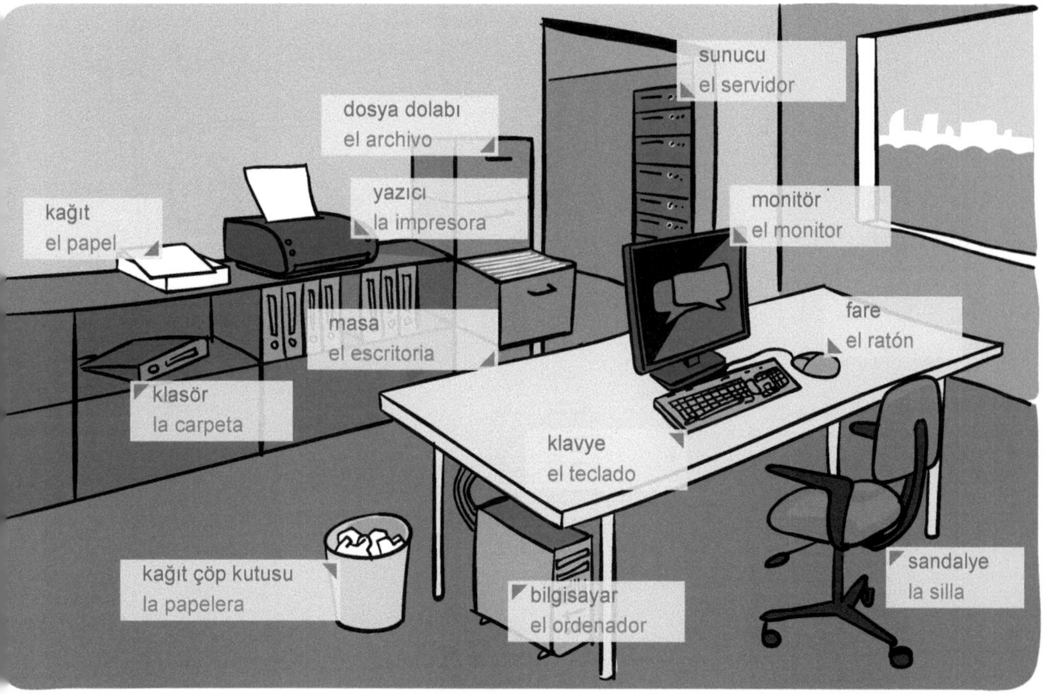
sunucu
el servidor
dosya dolabı
el archivo
kağıt
el papel
yazıcı
la impresora
monitör
el monitor
fare
el ratón
masa
el escritoria
klasör
la carpeta
klavye
el teclado
kağıt çöp kutusu
la papelera
bilgisayar
el ordenador
sandalye
la silla

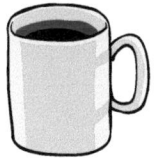

kahve fincanı

la taza de café

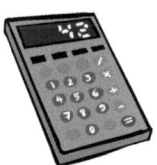

hesap makinesi

la calculadora

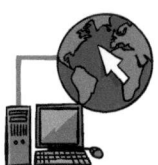

internet

el internet

dizüstü

el portátil

mektup

la carta

mesaj

el mensaje

cep telefonu

el móvil

ağ

la red

fotokopi makinesi

la fotocopiadora

yazılım

el software

telefon

el teléfono

priz

la toma de corriente

faks makinesi

el fax

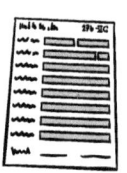

form

el formulario

belge

el documento

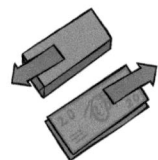

satın almak

comprar

ödemek

pagar

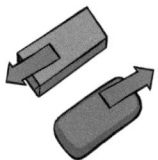

ticaret yapmak

comerciar

para

el dinero

dolar

el dólar

avro

el euro

yen

el yen

ruble

el rublo

İsviçre frangı

el franco suizo

Çin yuanı

el renminbi yuan

rupi

la rupia

kasa

el cajero automático

döviz bürosu

la oficina de cambio de divisas

altın

el oro

gümüş

la plata

petrol

el petróleo

enerji

la energía

fiyat

el precio

kontrat

el contrato

vergi

el impuesto

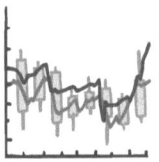

menkul değer

la acción

çalışmak

trabajar

işveren

el empleador

işçi

el empleador

fabrika

la fábrica

mağaza

la tienda de campaña

meslekler
los oficios

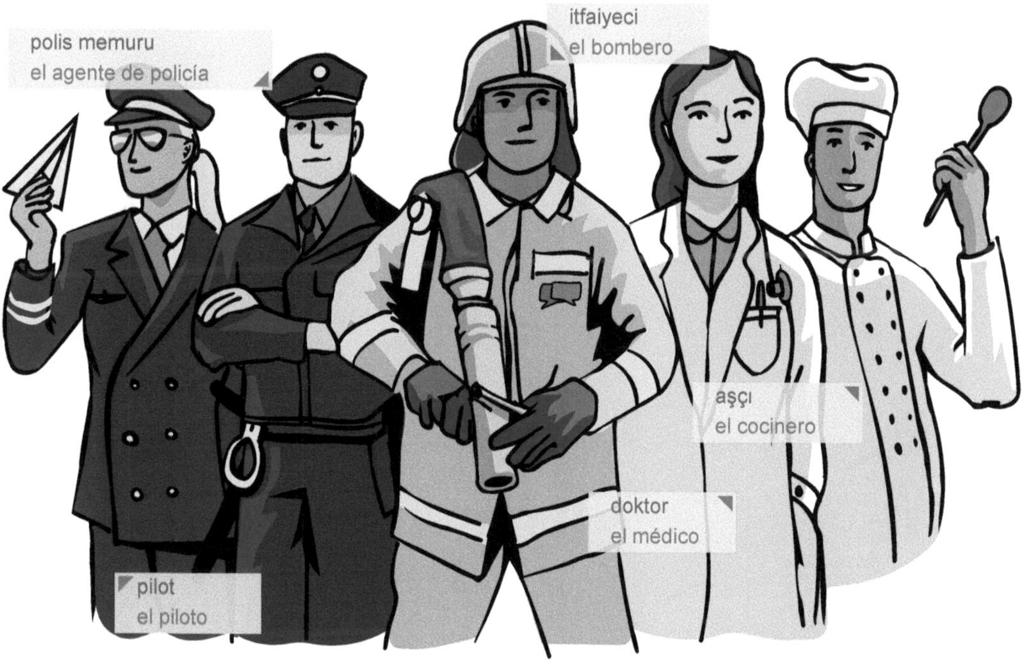
polis memuru
el agente de policía
itfaiyeci
el bombero
aşçı
el cocinero
doktor
el médico
pilot
el piloto

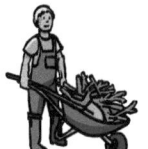

bahçıvan

el jardinero

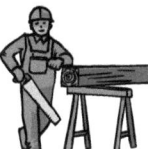

marangoz

el carpintero

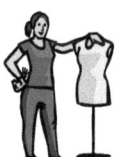

terzi

la costurera

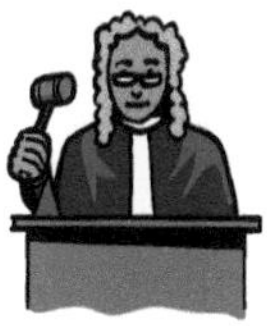

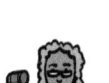

hakim

el juez

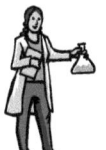

kimyager

el farmacéutico

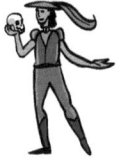

aktör

el actor

otobüs şoförü

el conductor de autobús

taksi şoförü

el taxista

balıkçı

el pescador

temizlikçi

la señora de la limpieza

çatı ustası

el techador

garson

el camarero

avcı

el cazador

boyacı

el pintor

fırıncı

el panadero

elektrikçi

el electricista

inşaatçı

el obrero

mühendis

el ingeniero

kasap

el carnicero

muslukçu

el fontanero

postacı

el cartero

asker

el soldado

mimar

el arquitecto

kasiyer

el cajero

çiçekçi

el florista

kuaför

el peluquero

kondüktör

el revisor

tamirci

el mecánico

kaptan

el capitán

dişçi

el dentista

bilim insanı

el científico

haham

el rabino

imam

el imán

keşiş

el monje

rahip

el sacerdote

aletler
las herramientas

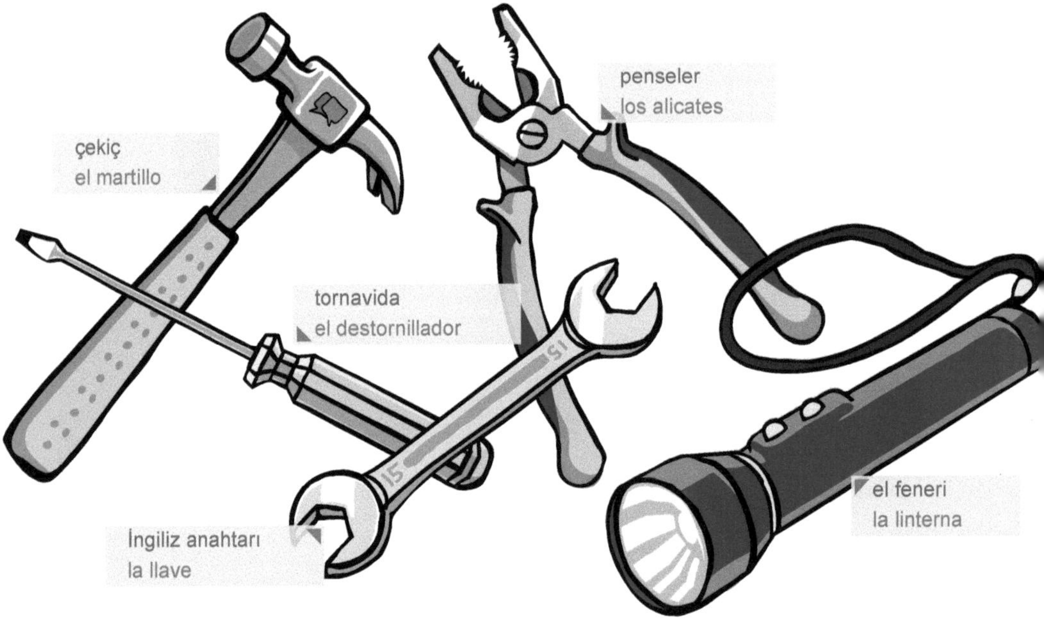
penseler
los alicates
çekiç
el martillo
tornavida
el destornillador
el feneri
la linterna
İngiliz anahtarı
la llave

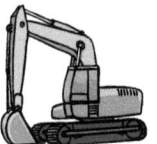

kazı makinesi
la excavadora

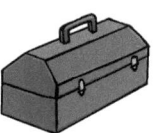

alet çantası
la caja de herramientas

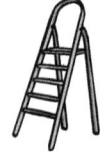

merdiven
la escalera de mano

testere
la sierra

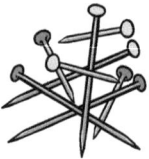

çiviler
los clavos

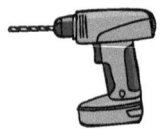

matkap
el taladro

tamir etmek

reparar

kürek

la pala

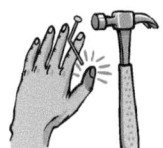

Kahretsin!

¡Maldita sea!

faraş

el recogedor

boya tenekesi

el bote de pintura

vidalar

los tornillos

müzik enstrümanı
los instrumentos musicales

hoparlör
el altavoz

bateri seti
la batería

gitar
la guitarra

kontrbas
el contrabajo

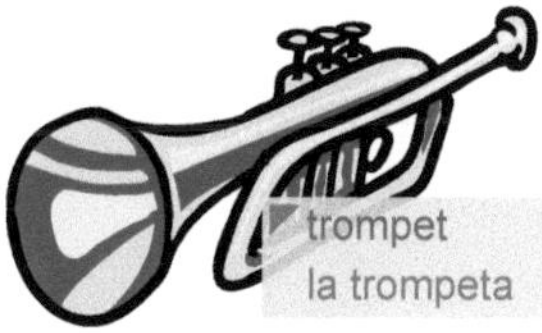

trompet
la trompeta

piyano

el piano

keman

el violín

basgitar

bajo

timpani

los timbales

bateri

el tambor

klavye

el teclado

saksafon

el saxofón

flüt

la flauta

mikrofon

el micrófono

hayvanat bahçesi

el zoo

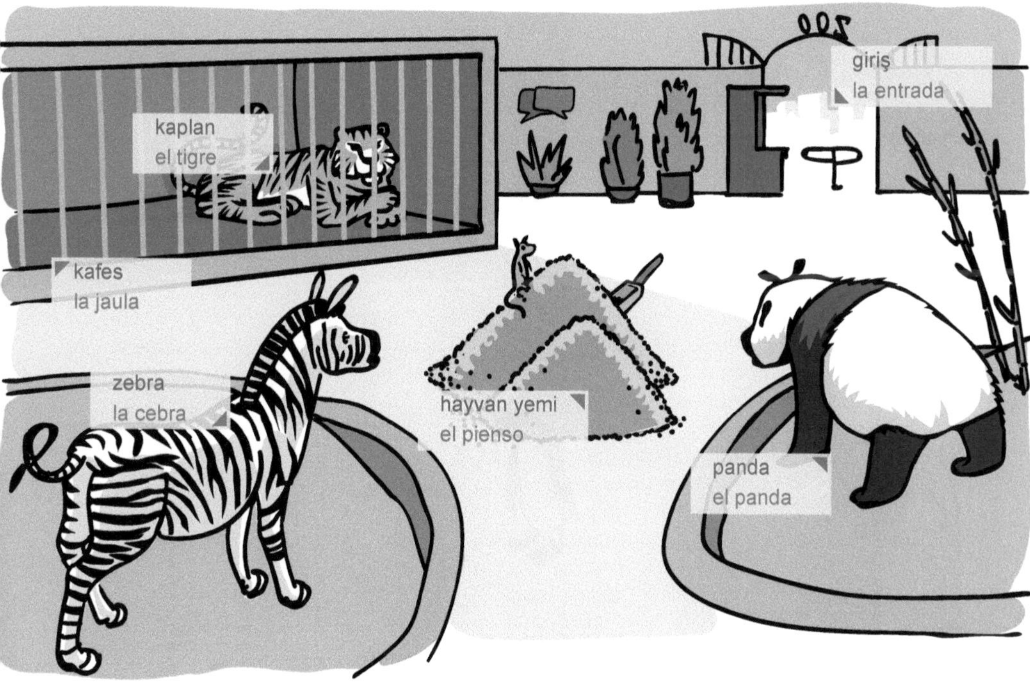
zoo
giriş
la entrada
kaplan
el tigre
kafes
la jaula
zebra
la cebra
hayvan yemi
el pienso
panda
el panda

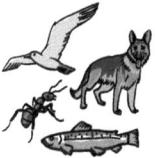

hayvanlar

los animales

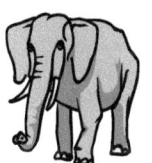

fil

el elefante

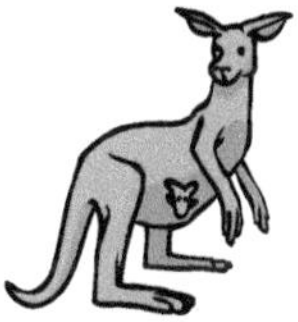

kanguru

el canguro

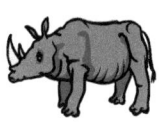

gergedan

el rinoceronte

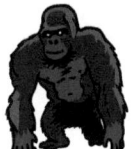

goril

el gorila

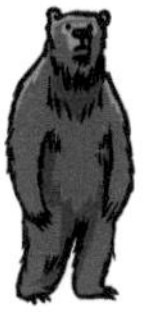

ayı

el oso

deve

el camello

deve kuşu

el avestruz

aslan

el león

maymun

el mono

flamingo

el flamingo

papağan

el loro

kutup ayısı

el oso polar

penguen

el pingüino

köpek balığı

el tiburón

tavus kuşu

el pavo real

yılan

la serpiente

timsah

el cocodrilo

hayvanat bahçesi görevlisi

el guardián de zoológico

fok

la foca

jaguar

el jaguar

midilli atı

el poni

leopar

el leopardo

su aygırı

el hipopótamo

zürafa

la jirafa

kartal

el águila

yaban domuzu

el jabalí

balık

el pescado

kaplumbağa

la tortuga

mors

la morsa

tilki

el zorro

ceylan

la gacela

amerikan futbolu
el fútbol americano

bisiklete binme
el ciclismo

tenis
el tenis

basketbol
el baloncesto

yüzme
la natación

boks
el boxeo

buz hokeyi
el hockey sobre hielo

futbol
el fútbol

badminton
el bádminton

atletizm
el atletismo

hentbol
el balonmano

kayak
el esquí

polo
el polo

etkinlikler
las actividades

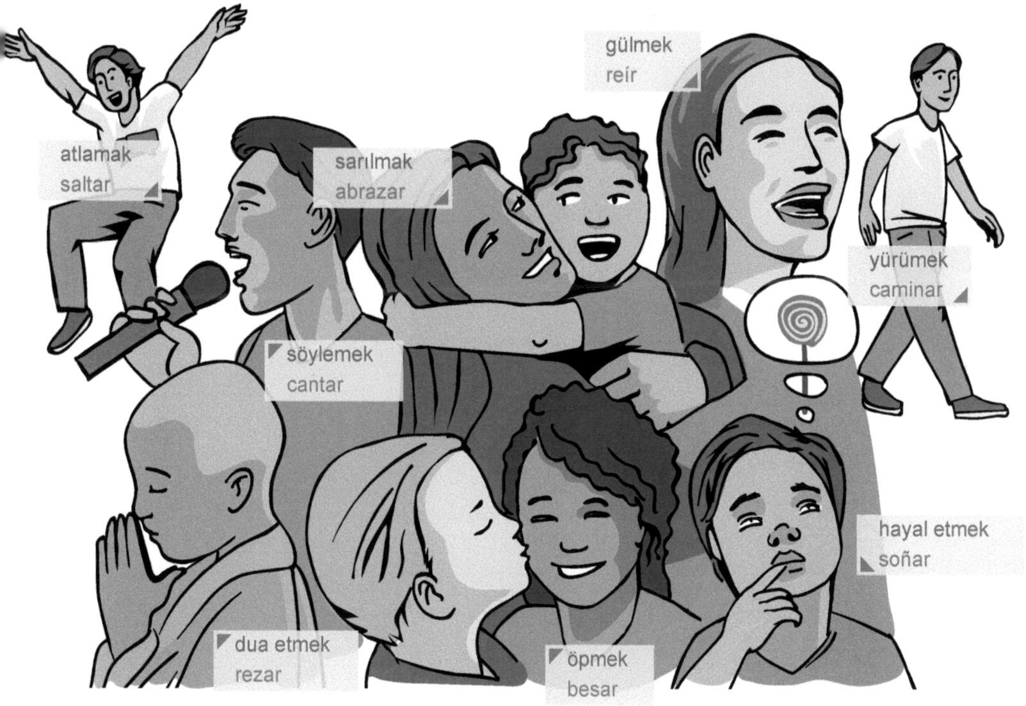

atlamak
saltar
sarılmak
abrazar
gülmek
reír
yürümek
caminar
söylemek
cantar
hayal etmek
soñar
dua etmek
rezar
öpmek
besar

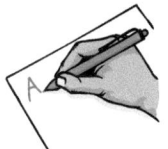

yazmak

escribir

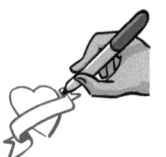

çizmek

dibujar

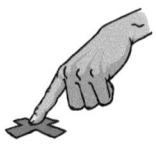

göstermek

mostrar

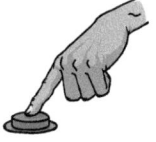

itmek

empujar

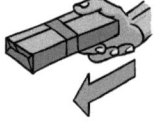

vermek

dar

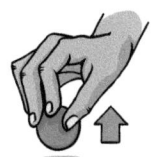

almak

tomar

sahip olmak

tener

yapmak

hacer

olmak

ser

ayakta durmak

estar de pie

koşmak

correr

çekmek

tirar

atmak

tirar

düşmek

caer

yalan söylemek

yacer

beklemek

esperar

taşımak

llevar

oturmak

estar sentado

giyinmek

vestirse

uyumak

dormir

uyanmak

despertar

bakmak

mirar

ağlamak

llorar

vurmak

acariciar

taramak

peinar

konuşmak

hablar

anlamak

entender

sormak

preguntar

dinlemek

escuchar

içmek

beber

yemek

comer

düzenlemek

ordenar

sevmek

amar

pişirmek

cocinar

sürmek

conducir

uçmak

volar

denize açılmak

navegar

hesapla

calcular

okumak

leer

öğrenmek

aprender

çalışmak

trabajar

evlenmek

casarse

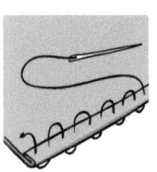

dikmek

coser

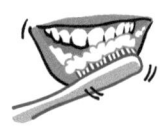

diş fırçalamak

cepillarse los dientes

öldürmek

matar

sigara içmek

fumar

yollamak

enviar

büyükanne
la abuela

büyükbaba
el abuelo

baba
el padre

anne
la madre

bebek
el bebé

kız
la hija

oğul
el hijo

misafir
el invitado

teyze
la tía

amca
el tío

erkek kardeş
el hermano

kız kardeş
la hermana

vücut

el cuerpo

alın
la frente
göz
el ojo
yüz
la cara
çene
la barbilla
göğüs
el pecho
parmak
el dedo
el
la mano
kol
el brazo
omuz
el hombro
bacak
la pierna

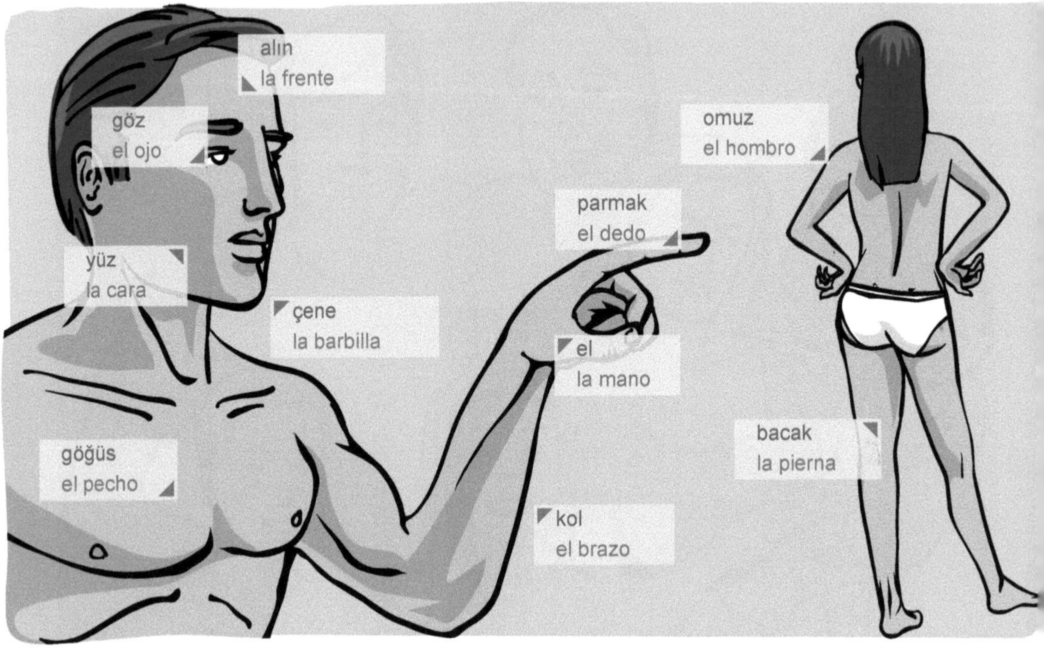

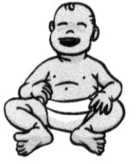

bebek

el bebé

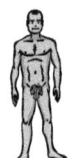

adam

el hombre

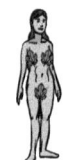

kadın

la mujer

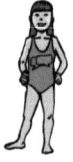

kız

la chica

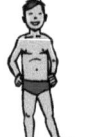

erkek çocuk

el chico

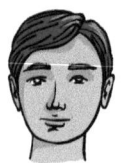

baş

la cabeza

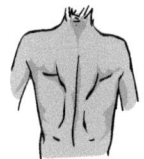

sırt
la espalda

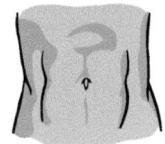

karın
el vientre

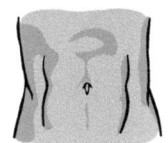

göbek
el ombligo

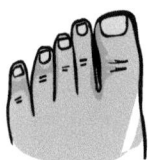

ayak parmağı
el dedo del pie

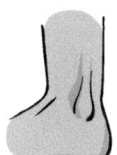

topuk
el talón

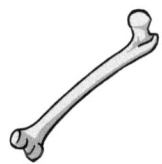

kemik
el hueso

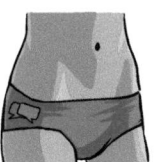

kalça
la cadera

diz
la rodilla

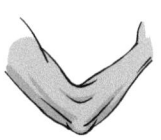

dirsek
el codo

burun
la nariz

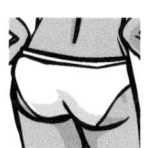

kalça
el trasero

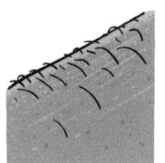

deri
la piel

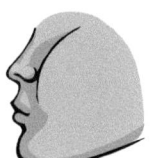

yanak
la mejilla

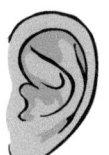

kulak
el oído

dudak
el labio

ağız

la boca

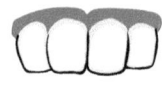

diş

el diente

dil

la lengua

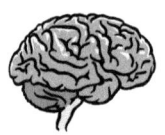

beyin

el cerebro

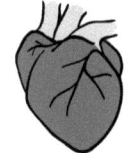

kalp

el corazón

kas

el músculo

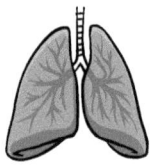

akciğer

el pulmón

karaciğer

el hígado

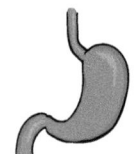

mide

el estómago

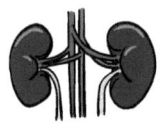

böbrekler

los riñones

seks

el sexo

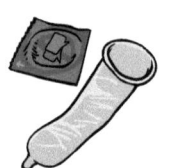

prezervatif

el condón

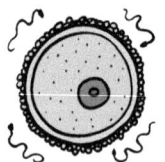

yumurtalık

el ovario

sperm

el semen

hamilelik

el embarazo

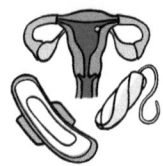

regl

la menstruación

vajina

la vagina

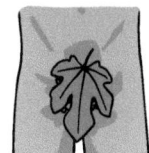

penis

el pene

kaş

la ceja

saç

el pelo

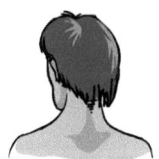

boyun

el cuello

hastane
el hospital

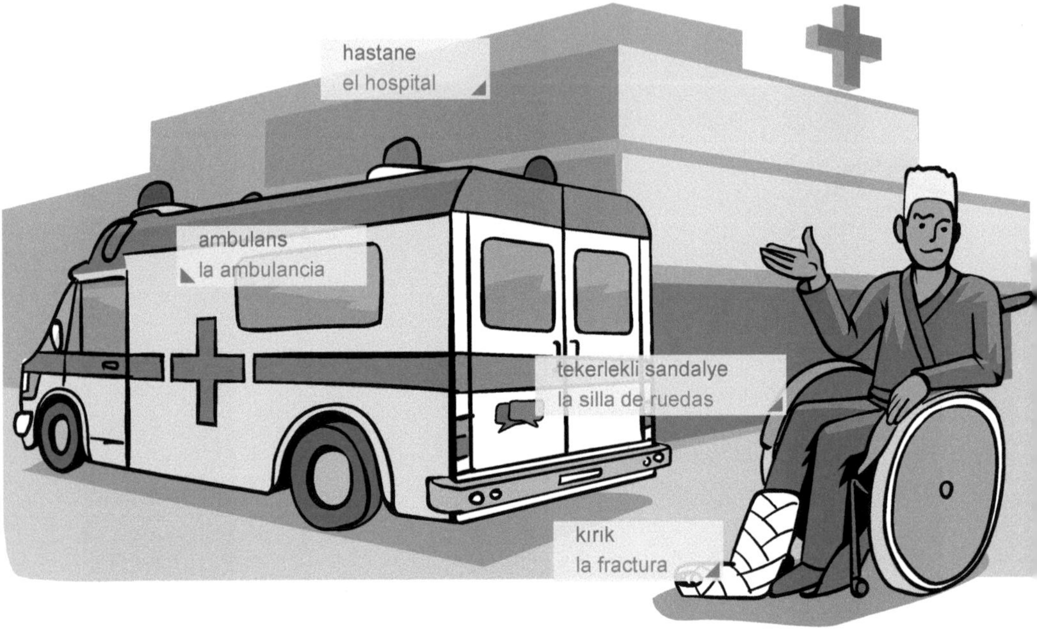

hastane
el hospital
ambulans
la ambulancia
tekerlekli sandalye
la silla de ruedas
kırık
la fractura

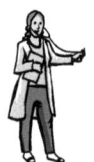

doktor

el médico

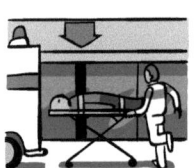

acil servis

la sala de urgencias

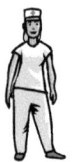

hemşire

la enfermera

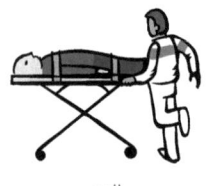

acil

la urgencia

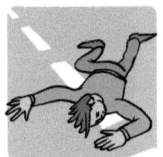

baygın

inconsciente

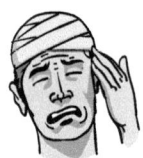

acı

el dolor

yaralanma

la lesión

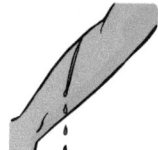

kanama

la hemorragia

kalp krizi

el infarto

felç

el ictus

alerji

la alergia

öksürük

la tos

ateş

la fiebre

grip

la gripe

ishal

la diarrea

baş ağrısı

el dolor de cabeza

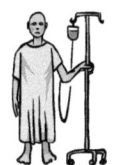

kanser

el cáncer

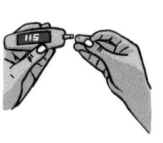

şeker hastalığı

la diabetes

cerrah

el cirujano

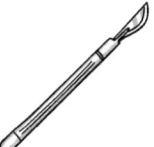

neşter

el bisturí

operasyon

la operación

bilgisayarlı tomografi

TAC

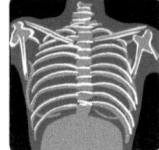

röntgen

los rayos x

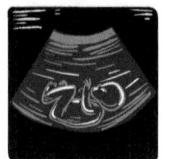

ultrason

el ultrasonido

yüz maskesi

la mascarilla

hastalık

la enfermedad

bekleme odası

la sala de espera

koltuk değneği

la muleta

yara bandı

la tirita

bandaj

la venda

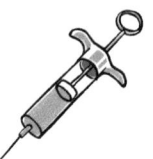

enjeksiyon

la inyección

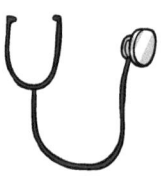

steteskop

el estetoscopio

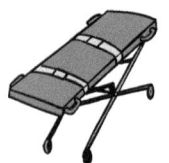

sedye

la camilla

tıbbi termometre

el termómetro

doğum

el nacimiento

fazla kilo

el sobrepeso

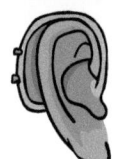

işitme cihazı

el audífono

dezenfektan

el desinfectante

enfeksiyon

la infección

virüs

el virus

HIV / AIDS

VIH / SIDA

ilaç

la medicina

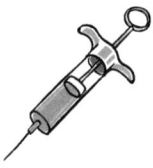

aşı

la vacunación

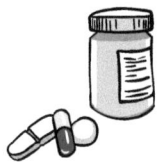

tablet

las tabletas

hap

la pastilla

acil çağrı

la llamada de urgencia

tansiyon aleti

el tensiómetro

hasta / sağlıklı

enfermo / sano

İmdat! ¡Socorro!	 alarm la alarma	 darp el asalto
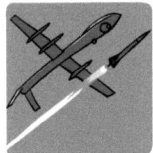 saldırı el ataque	 tehlike el peligro	 acil çıkış la salida de emergencia
  Yangın! ¡Fuego!	 yangın tüpü el extintor de incendios	 kaza el accidente
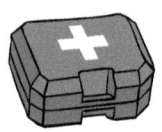 ilk yardım çantası el botiquín de primeros auxilios	 imdat SOS	 polis la policía

Avrupa

Europa

Kuzey Amerika

Norteamérica

Güney amerika

Sudamérica

Afrika

África

Asya

Asia

Avustralya

Australia

Atlantik

el atlántico

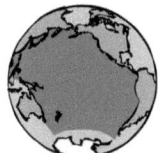

Pasifik

el Pacífico

Hint Okyanusu

el Océano Índico

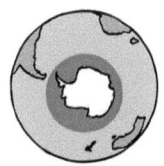

Antarktika Okyanusu

el Océano Antártico

Arktik Okyanusu

el Océano Ártico

Kuzey Kutbu

el polo norte

Güney Kutbu

el polo sur

Antarktika

La Antártida

dünya

la tierra

kara

la tierra

deniz

el mar

ada

la isla

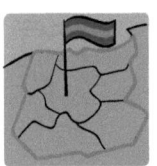

ulus

la nación

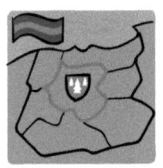

ülke

el estado

kadran

la esfera

akrep

la manecilla de las horas

yelkovan

el minutero

saniye ibresi

el segundero

Saat kaç?

¿Qué hora es?

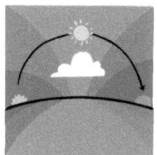

gün

el día

zaman

el tiempo

şimdi

ahora

dijital saat

el reloj digital

dakika

el minuto

saat

la hora

hafta

la semana

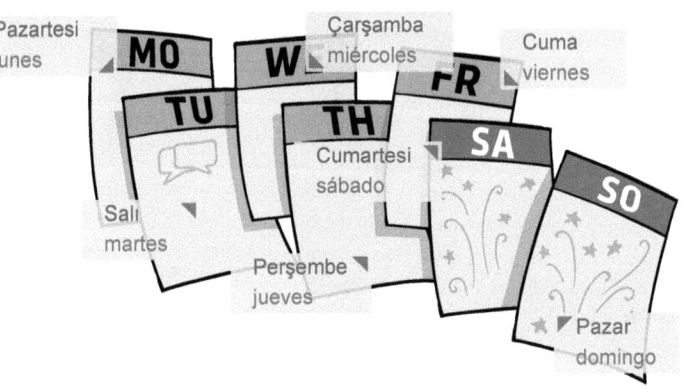

Pazartesi / lunes — MO
Çarşamba / miércoles — W
Cuma / viernes — FR
TU
TH
Cumartesi / sábado — SA
Salı / martes
Perşembe / jueves
Pazar / domingo — SO

dün
ayer

bugün
hoy

yarın
mañana

sabah
la mañana

öğle
el mediodía

akşam
la tarde

MO	TU	WE	TH	FR	SA	SU
1	2	3	4	5	6	7
8	9	10	11	12	13	14
15	16	17	18	19	20	21
22	23	24	25	26	27	28
29	30	31	1	2	3	4

iş günleri
los días laborables

MO	TU	WE	TH	FR	SA	SU
1	2	3	4	5	6	7
8	9	10	11	12	13	14
15	16	17	18	19	20	21
22	23	24	25	26	27	28
29	30	31	1	2	3	4

hafta sonu
el fin de semana

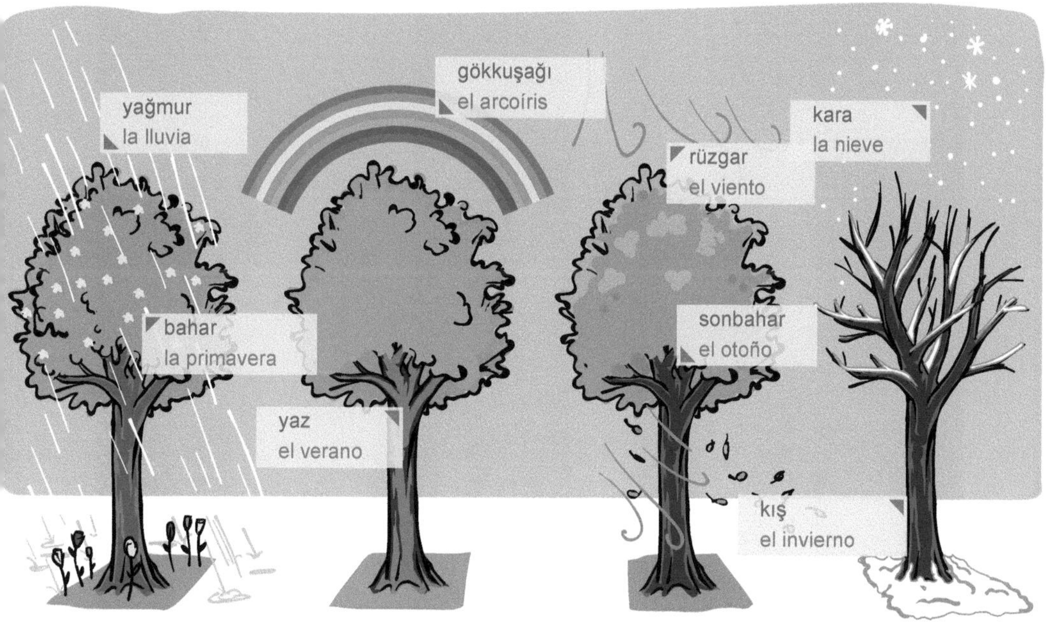

yağmur
la lluvia

gökkuşağı
el arcoíris

kara
la nieve

rüzgar
el viento

bahar
la primavera

sonbahar
el otoño

yaz
el verano

kış
el invierno

4.APRIL	11°	☀
5.APRIL	4°	
6.APRIL	13°	
7.APRIL	8°	❄
8.APRIL	10°	☀

hava durumu tahmini

el pronóstico del tiempo

termometre

el termómetro

güneş ışığı

el sol

bulut

la nube

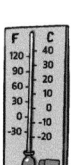

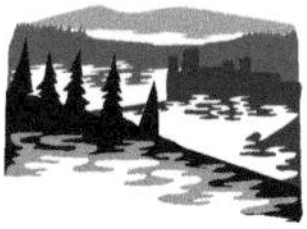

sis

la niebla

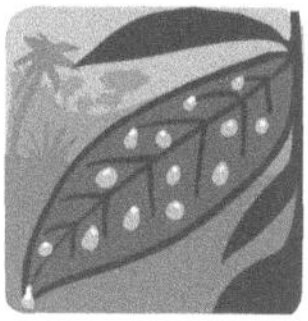

nem

la humedad

şimşek

el rayo

gök gürültüsü

el trueno

fırtına

la tormenta

dolu

el granizo

muson

el monzón

sel

la inundación

buz

el hielo

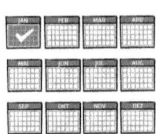

Ocak

enero

Şubat

febrero

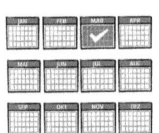

Mart

marzo

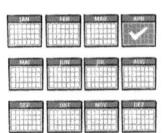

Nisan

abril

Mayıs

mayo

Haziran

junio

Temmuz

julio

Ağustos

agosto

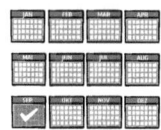

Eylül
....
septiembre

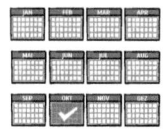

Ekim
....
octubre

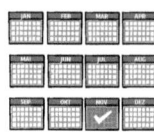

Kasım
....
noviembre

Aralık
....
diciembre

şekiller
las formas

daire
....
el círculo

kare
....
el cuadrado

dikdörtgen
....
el rectángulo

üçgen
....
el triángulo

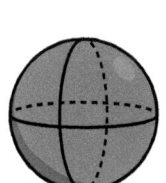

küre
....
la esfera

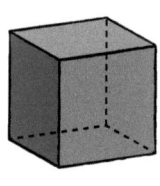

küp
....
el cubo

renkler
colores

beyaz

blanco

sarı

amarillo

turuncu

anaranjado

pembe

rosa

kırmızı

rojo

mor

morado

mavi

azul

yeşil

verde

kahverengi

marrón

gri

gris

siyah

negro

çok / az

mucho / poco

kızgın / sakin

enojado / tranquilo

güzel / çirkin

bonito / feo

başlangıç / son

principio / fin

büyük / küçük

grande / pequeño

parlak / karanlık

claro / oscuro

erkek kardeş / kız kardeş

el hermano / la hermana

temiz / kirli

limpio / sucio

tamam / eksik

completo / incompleto

gün / gece

el día / la noche

ölü / canlı

muerto / vivo

geniş / dar

ancho / estrecho

yenilebilir / yenilemez

comestible / no comestible

kötü / iyi

malo / amable

heyecanlı / sıkılmış

entusiasmado / aburrido

şişman / zayıf

gordo / delgado

ilk / son

primero / último

dost / düşman

el amigo / el enemigo

dolu / boş

lleno / vacío

sert / yumuşak

duro / blando

ağır / hafif

pesado / ligero

açlık / susuzluk

el hambre / la sed

hasta / sağlıklı

enfermo / sano

yasa dışı / yasal

ilegal / legal

zeki / aptal

inteligente / tonto

sol / sağ

izquierda / derecha

yakın / uzak

cerca / lejos

yeni / kullanılmış

nuevo / usado

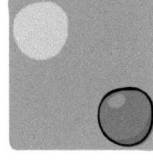

hiçbir şey / bir şey

nada / algo

yaşlı / genç

viejo / joven

açma / kapama

encendido / apagado

açık / kapalı

abierto / cerrado

sessiz / gürültülü

silencioso / ruidoso

zengin / fakir

rico / pobre

doğru / yanlış

correcto / incorrecto

pürüzlü / düz

áspero / suave

üzgün / mutlu

triste / contento

kısa / uzun

corto / largo

yavaş / hızlı

lento / rápido

ıslak / kuru

húmedo / seco

sıcak / serin

cálido / frío

savaş / barış

guerra / paz

0

sıfır

cero

1

bir

uno

2

iki

dos

3

üç

tres

4

dört

cuatro

5

beş

cinco

6

altı

seis

7

yedi

siete

8

sekiz

ocho

9

dokuz

nueve

10

on

diez

11

on bir

once

12

on iki

doce

13

on üç

trece

14

on dört

catorce

15

on beş

quince

16

on altı

dieciséis

17

on yedi

diecisiete

18

on sekiz

dieciocho

19

on dokuz

diecinueve

20

yirmi

veinte

100

yüz

cien

1.000

bin

mil

1.000.000

milyon

el millón

İngilizce

el inglés

Amerikan İngilizcesi

el inglés americano

Çince (Mandarin)

el chino madarín

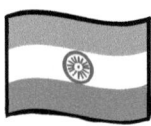

Hintçe

el hindi

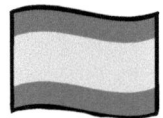

İspanyolca

el español

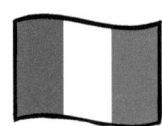

Fransızca

el francés

Arapça

el árabe

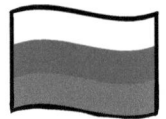

Rusça

el ruso

Portekizce

el portugués

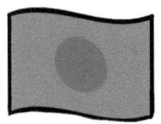

Bengalce

el bengalí

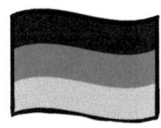

Almanca

el alemán

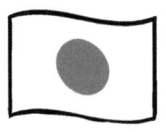

Japonca

el japonés

ben

yo

sen

tú

o

él / ella / ello

biz

nosotros/as

siz

vosotros/as

onlar

ellos/as

kim?

¿quién?

ne?

¿qué?

nasıl?

¿cómo?

nerede?

¿dónde?

ne zaman?

¿cuándo?

isim

el nombre

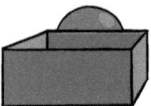

arkasında

detrás

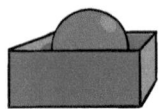

içinde

en

önünde

delante de

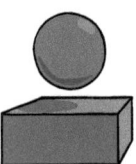

üzerinde

por encima de

üstünde

sobre

altında

debajo de

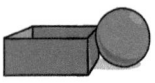

yanında

junto a

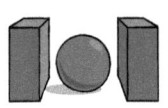

arasında

entre

yer

el lugar